KURT MARTI

DU

Rühmungen

RADIUS

ISBN 978-3-87173-111-2

Umschlag: André Baumeister
Gesamtherstellung: Clausen & Bosse, Leck
Printed in Germany

DU. Eine Rühmung *7*

Immer bist Du es. Rühmungen

Jesses! *35*
Immer bist Du es *36*
Nie hab' ich Dich gesucht *37*
anrufungen *38*
psälmlein *39*
das wort *40*
gott der armen *41*
katechismusfragen *42*
So ist das *43*
lichtstrahl *44*
lobpreis *45*
trinität *46*
ostern o stern *48*

Wir preisen dich, Gott. Lieder

intonation *53*
Lied für Trauungen *54*
Abrüstungschoral *56*

Quellen *58*
Biographische Notiz *59*

DU. Eine Rühmung

DU
weltweit
in vieler leute mund
so daß alle glauben
dich duzen
zu dürfen
ich auch
DU
den kein menschenauge
zu erblicken vermag
(denn sterben wird
wer dich sieht)
der uns aber
von zuinnerst
von dorther sieht
wo wir sterbliche

uns selber
unsichtbar
und unbekannt sind
DU
von dem wir
nur wenig wissen
und doch ist
dies wenigwissen
geheiligt
da es wenigwissen
von dir
und deshalb
weitaus mehr ist
als wir
mit unserem glauben
und denken
zu fassen vermögen
DU
weder greif- noch
begreifbar
so daß wir
oft wähnen
du seist
ein nichts

DU
dem nichts
gleich ist:
anfänger
ohne anfang
vollender
ohne ende
schöpfer und
quelle des lebens
auf diesem planeten
in der unermeßlichen fülle
seiner gestaltungen
DU
der überströmende
der ewig werdende
unendlich beziehungsreich
DU
größer als alles
was groß heißt
kleiner als
nano-kleinstes
– doch ach!
das schweigen
der unendlichen räume

erschreckt uns
und ebenso jetzt
der stumme zorn
zerstörter
gen- und atomkerne
DU
der den triumphen
des bösen
über das gute
so häufig
zu häufig
untätig zuschaut
uns aber vorhält
daß *wir* es sind
die den triumphen
des bösen
so häufig
zu häufig
untätig zuschauen
DU
den wir »lieber gott«
oder »liebgott« nennen
als würde
deine liebe niemals

zornig entbrennen
als wären
die warnungen der propheten
vor deinem heiligen zorn
ein uralter hut
aus abergläubiger vorzeit
DU
dessen rätsel
trotz allem
zukunftsträchtiger bleiben
als alle lösungen der menschen

SELA

DU
der frei von zeit
und raum
der heilig andere
vor dem
wir uns niederwerfen
um dir entgegen
emporzulodern
DU
der nie zu fassende
der nach uns
ziellos zielenden
ratlos irrenden
faßt
DU
der ewige

JETZT und HIER
der da war
der da sein wird
incognito oder
enthüllt (= apokalyptisch)
der »ich bin da« (2.mose 3,14)
der mitging
auch wenn ich
wegging im wahn
es könne irgendwer
weggehen von dir
dem geheimnis
auch unserer umwege
unserer irrwege
DU
dank dem es möglich wird
dinge über uns selbst
erfahren und
aussprechen zu können
die wir sonst nicht
erfahren und
zu sagen gewußt hätten

SELA

DU
»der unaussprechliche seufzer
im grund der seele gelegen«
(thomas müntzer)
für den ich
wider alle vernunft
und wider das bilderverbot
bilder erfinde
oder bilder finde
in heiligen schriften
(auch in der bibel):
hast du nicht selber uns
ein bild von dir geschenkt
in jesus dem christus
(kolosser 1,15)
dem wanderprediger

aus verlachter provinz
(»was kann aus galiläa
schon gutes kommen?«)
geboren einst
zwischen tieren
gekreuzigt
zwischen verbrechern?
kein maler
hat ihn für die nachwelt
porträtiert
kein bildner ihn
in marmor gemeißelt
da er alles andere
als prominent war
und nicht zu den VIPs
seiner zeit gehörte
vielmehr die gesellschaft
von fischern und zöllnern
das gespräch mit gewöhnlichen
frauen und kindern vorzog
DU
aber hast
in diesem nazarener
deine liebe kundgetan

an der wir immer wieder
irre werden
weil so vieles
gegen sie spricht
DU
hingegen hast
den gekreuzigten
vom tod auferweckt
und ihn zum licht
der sich gegenseitig
kreuzigenden menschheit
gemacht – ein licht
das nicht mehr erlischt
so ewig wie du selbst
DU
der in weiser voraussicht
deinen christus
in die welt gesandt hast
zu einer zeit noch
da es weder fotografie
noch filme oder fernsehen
und internet gab
damit uns in jedem antlitz
dasjenige christi begegne

DU
und deine
lebendige ikone
marias sohn
der den neuen äon
verkündet hat
die vollendung
der schöpfung
den finalen sieg
über armut elend
und schicksalszwänge
die endlich klassenlose
gemeinschaft der befreiten
in der du alles
in allem sein wirst
(1.korinther 15,28)
und deine geschöpfe
außer sich bei dir sind
und du das licht
in ihnen bist
worauf die liebenden
aller zeiten
schon immer
gewartet haben

und die engel
die kräfte des himmels
die propheten und apostel
die märtyrer alle
die heiligen und halbheiligen
und jesu avantgarde zumal
die kinder
DU
dessen gnadenbrot
wir essen
dessen gnadenwein
wir trinken
die wegzehrung
auf unserer wanderschaft
zum glück
durch die fährnisse
und gnadenlosigkeiten
dieses vergehenden äons
DU
der du thronst
über den lobgesängen
deiner machtlosen gemeinden
(psalm 22,4)
– fürwahr: ein exponierter

ein luftiger sitz
unsicher und wenig feudal
sind die singstimmen doch
verzagt oft und brüchig
auch schleichen leicht sich
miß- und falschtöne ein
was aber – o wunder –
dich kaum
zu beunruhigen scheint
wie wenn du
von solchen gesängen
dich allezeit sicher
getragen fühltest

SELA

DU
der mit den zeitgötzen
globaler gleichmacherei
und vereinheitlichung
nichts gemein hat
der zum beispiel
auch dafür sorgt
daß keiner religion
ein irdisches
monopol zufällt
auch der christlichen nicht
DU
der du in dir selbst
lauter und lautere
beziehung und bejahung
der anderen bist

mit denen du
deine macht und
deine herrlichkeit teilst:
dreieinige gottheit
trinitarische urform
von gewaltentrennung
und mitbestimmung
DU
der einzig eine
der in seiner dreisamkeit
ja vielsamkeit
nicht aufhört
alteritäten (anders
und außer dir seiendes)
zu erfinden
draußen im
multiversalen universum
und hier
auf diesem planeten
die unermeßliche vielfalt
des lebens
wo kein geschöpf
wie das andere
und erst recht

jeder der bald
sieben milliarden menschen
ein unikat ist
ein kompendium jedesmal
»von engel tier und pflanze
an dessen stolzer
erbärmlichkeit
die ganze natur teilhat«
(sor juana inès de la cruz)
DU
der liebende
denn das gebot der liebe
kann nur aus dem mund
eines liebenden kommen
und auf den sieg der liebe
wagt nur zu hoffen
wer glaubt daß du
liebe bist
(1.johannes 4,8.16)
DU
dessen geist
(dritter im bunde
der trinität)
stets weht wo er will

und »du hörst seine stimme
aber du weißt nicht
woher er kommt
und wohin er geht«
(johannes 3,8)
da er sich nicht
an dogmen oder
institutionen binden läßt
der wahre freigeist
der freie wahrgeist
auf den keine der religionen
und kein lehramt
einen patentanspruch hat
DU
der liebende
vor dem nur
tatbeweise der liebe
zählen

SELA

DU
der via evolutionis
den menschen
hast werden lassen
und in marias ältestem sohn
einst selber auch
mensch geworden bist
damit die menschheit
sich nicht
in wahn und verblendung
zum verhängnis werde
DU
der mit dem fortschritt
unseres wissens und könnens
stets öfter nun aber
den vorwurf zu hören bekommt
es sei der mensch

»ein untier das ich
nicht erfunden hätte«
(paul valéry)
»in der hand die wasserstoffbombe
die ihm die vernunft bescherte
und im herzen den aggressionstrieb
den die vernunft nicht
zu regieren vermag«
(konrad lorenz)
»denn tatsächlich ist
der mensch das unmenschlichste
auf erden« (erwin chargaff)
ein terminator
der eigenen gattung
den jetzt allmählich
die ahnung beschleicht
die bitterkeit seiner siege
bald bis zur neige
auskosten zu müssen
da »die verwüstung der erde
und die mit ihr zusammengehende
vernichtung des menschenwesens
irgendwie das böse selbst sind«
(martin heidegger)

DU
dem wir
– wem denn sonst? –
die verzweiflung über uns selbst
und den ebenso traurigen
wie langsamen kehraus
der eigenen gattung
kleinlaut klagen
auf die zusage hin
daß »wenn der verstand
uns verurteilt du größer bist
als unser verstand«
(1.johannes 3,20)
DU
der menschenwunde
der dennoch durch
seinen christus
(auferweckt von den toten!)
am wagnis mensch
und deinem projekt
eines irdischen reiches
der gerechtigkeit
und des friedens
scheint festhalten zu wollen

(wie unglaublich uns das
auch vorkommen will)
DU
der einzige und eine
von dem uns
jesus versichert:
»bei den menschen
ist solches unmöglich
bei gott aber
sind alle dinge möglich«
(matthäus 19,26)
DU
der barmherzige
der sich treu bleibt
und in dessen treue
auch wir
durch viel irrung
und schuld
geborgen bleiben
für immer
DU
das geheimnis des lebens
dessen wunder
wir hie und da

im spiegel einer
menschlichen zuwendung
und liebe
zu erahnen vermögen
DICH
rühmt deine gemeinde
mit ihrem
AMEN
das ist:
ES WERDE WAHR!

Immer bist Du es. Rühmungen

JESSES!

Du so.
Du anders.
Du nicht.
Du doch.
Dein Leib.
Deine Worte.
Was weiß ich.
Was soll ich.

Komm glaub
mit mir.
Komm geh
mit uns.

IMMER BIST DU ES

Ehe wir Dich suchten,
   warst Du da.
Bevor wir Dich »Vater« riefen,
   hast Du uns als Mutter umsorgt.
Beugten wir die Knie vor Dir, dem Herrn,
   kamst Du als Bruder entgegen.
Beschworen wir Deine Brüderlichkeit,
   erging die Antwort schwesterlich.

Immer bist Du es,
   der vorher war;
allwärts bist Du es,
   der begegnet.

NIE HAB' ICH DICH GESUCHT

Nie hab' ich Dich gesucht.
Stets warst Du hinter mir her,
Verführerin Gott,
die mir den Kopf verdreht,
die leise singt in mir
wie leuchtende Finsternis,
die mich oft auch zurechtweist,
bald traurig, bald lächelnd:
eine strenge Geliebte,
eine maßlos Liebende.

ANRUFUNGEN

gott ohnbeginn
gott endverbleib
gott ruhestark
gott odemnah
gott gerneklein
gott ewigklang!

PSÄLMLEIN

gott
mein versteck

wo ich sicher bin
vor feinden

sicher auch
vor mir selber

DAS WORT

das wort! es kündet
und ist nicht euer
es blitzt und zündet
das wort ist feuer

das wort schuf welten
das wort des höchsten
das wort will gelten
zum wohl des nächsten

das wort hält wache
das wort ist bote
das wort stärkt schwache
das wort weckt tote

GOTT DER ARMEN

selig
ihr armen
reich
durch das
reich
des gottes
geworden
der arm wird
mit armen

KATECHISMUSFRAGEN

warum sieht IHN denn keine(r)?
weil ER die blinden liebt

warum hört IHN denn keine(r)?
weil ER auch gehörlosen nah

warum erfasst IHN denn keine(r)?
weil wir umfasst sind von IHM

warum beweist IHN denn keine(r)?
weil auf erden wie im himmel
nichts zu vergleichen mit IHM

warum beweist IHN denn keine(r)?
weil der bewiesene nie
der zu beweisende wäre

warum träumt IHN denn keine(r)?
weil ER seit urher
der quell aller träume

SO IST DAS

Denen wir lieber
aus dem Weg gehen
sind Dein Weg.

Die wir lieber
nicht sehen möchten
sind Dein Blick.

Die wir lieber
nicht hören möchten
sind Deine Stimme.

So ist das.
Und so:
bist Du.

LICHTSTRAHL

immer ist ER
mit uns zuammen
immer ist ER
von uns getrennt
immer ist eine wand
zwischen uns und IHM
und in der wand
eine tür –
oft lange verschlossen
plötzlich sich öffnend:
SEIN lichtstrahl
SEIN wort

LOBPREIS

der ohne ende:
er beendet!
der nie begann:
er schafft beginn!
der nicht bedeutet:
er schenkt bedeutung!
der ohne notwendigkeit:
er wendet not!

TRINITÄT

du:
die liebe schon immer
changierend im farbenspiel
aller rassenpigmente

du:
die stadt ohne tempel
die keiner priester
und keiner richter bedarf

du:
die brüderlichkeit
wo ein jeder teilt
mit den andern

du:
seit anfang
das ende der herrschaft
in deiner dreieinigkeit

du:
der immer schon war
was erst wird
und deshalb am kreuz

OSTERN O STERN

I o
(stern
restn
nestr)

ostern o sternte
nestnieder
o sterne ostern
uns wieder

o
(nestr
restn
stern)

II ostern
restostern nestostern – wer wälzte uns
den christlichen plunder vom grabe
des herrn?

ostern
o stern o morgen o morgenstern still im
abend
des christlichen still im christlichen abend
lande

Wir preisen dich, Gott. Lieder

INTONATION

singet dem herrn
der nie eine uniform trägt
der nie eine waffe ergreift
der tote zum leben erweckt

singet dem herrn
der nie einem fahnentuch traut
der nie an parolen sich hängt
der feinde als brüder entlarvt

LIED FÜR TRAUUNGEN

Wir preisen Dich, Gott,
der Du Frau und Mann
zur Liebe füreinander geschaffen.
Der Liebe laß
Treue entsprießen,
die ausstrahlt auch auf andere Menschen.

Wir preisen Dich, Gott,
der Du Frau und Mann
zur Liebe füreinander geschaffen.
So mache uns
willig, im Leiden
und in der Not zusammenzuhalten.

Wir preisen Dich, Gott,
der Du Frau und Mann
zur Liebe füreinander geschaffen.
Zerstrittenen
schenke Versöhnung
und wecke ihre Zärtlichkeit wieder.

Wir preisen Dich, Gott,
der Du Frau und Mann
zur Liebe füreinander geschaffen.
Der Einsamen
Traurigkeit wandle
in Zuwendung, die furchtlos sich öffnet.

Wir preisen Dich, Gott,
der Du Frau und Mann
zur Liebe füreinander geschaffen.
Erwecke uns,
Schöpfer der Liebe,
stets wieder neu zu Lust und zur Treue.

ABRÜSTUNGSCHORAL

Wir preisen Dich, Göttin Gott,
die Du nie eine Waffe gebrauchst,
die Du Tote ins Leben erweckst,
Feinde als Geschwister entlarvst.

Wir bitten Dich, Göttin Gott,
steck uns mit Deiner Liebeskraft an,
weck Gefühl in uns und Mitgefühl,
gib uns Mut, gewaltlos zu sein.

Wir danken Dir, Göttin Gott,
die Du Lust am Lebendigen hast,
die Du gegen Vernichtungen kämpfst
für den Sieg der Gerechtigkeit.

Quellen

DU. Eine Rühmung erschien in einer limitierten, bibliophilen Auflage erstmals 2007 im Radius-Verlag. *gott der armen; ostern o stern* sind dem Band *geduld und revolte. die gedichte am rand* von Kurt Marti (Radius-Verlag 2002) entnommen. *Abrüstungschoral; Immer bist Du es; Jesses!; Lied für Trauungen; Nie hab' ich Dich gesucht; So ist das* sind dem Band *Ungrund Liebe. Klagen, Wünsche, Lieder* von Kurt Marti (Radius-Verlag 2004) entnommen. *anrufungen; katechismusfragen; lichtstrahl; lobpreis; psälmlein* sind dem Band *gott gerneklein. gedichte* von Kurt Marti (Radius-Verlag 2006) entnommen. *das wort* ist erstmalig veröffentlicht in DAS PLATEAU. Die Zeitschrift im Radius-Verlag (No 82 / April 2004). *intonation; trinität* sind enthalten in dem Band *Der Aufstand Gottes gegen die Herren* von Kurt Marti und Ge Gessler (Radius-Verlag 1981).

Biographische Notiz

Kurt Marti

1921 in Bern geboren, studierte Jura und Theologie in Bern und Basel. Im Dienst des Ökumenischen Rates ein Jahr in Paris, Pfarrer in Leimiswil, Niederlenz und bis 1983 in Bern. Preise und Auszeichnungen: u.a. Lyrik-Preis Radio Basel (1957), Johann-Peter-Hebel-Preis des Landes Baden-Württemberg, Großer Literaturpreis des Kantons Bern (beide 1972), Ehrendoktorwürde der Universität Bern (1977), Buchpreis der Stadt Bern (1990), Kurt-Tucholsky-Preis (1997), Karl Barth-Preis (2002)

Lieferbare Radius-Bücher von Kurt Marti:

Fromme Geschichten
geduld und revolte. die gedichte am rand
Die gesellige Gottheit. Ein Diskurs
gott gerneklein. gedichte
Gott im Diesseits. Versuche zu verstehen
Der Heilige Geist ist keine Zimmerlinde
Prediger Salomo. Weisheit inmitten der Globalisierung
Die Psalmen. Annäherungen
Die Riesin. Roman
Schöpfungsglaube. Die Ökologie Gottes
Ungrund Liebe. Klagen, Wünsche, Lieder
Von der Weltleidenschaft Gottes. Denkskizzen

Lieferbare Radius-Bücher. Eine Auswahl

Peter Bichsel: Möchten Sie Mozart gewesen sein?
Wolfgang Erk (Hg): Literarisches Geburtstagsbuch
Wolfgang Erk (Hg): Viele gute Wünsche. Literarische Annäherungen
Traugott Giesen: Macht hoch die Tür
  Predigten und Kolumnen für die Weihnachtszeit
Peter Härtling: Fenstergedichte
Gisela und Ulrich Häussermann (Hg): Frauengedichte der Welt
Klaus-Peter Hertzsch: Chancen des Alters. Sieben Thesen
Walter Jens: Die vier Evangelien
Walter Jens: Der Teufel lebt nicht mehr, mein Herr!
  Erdachte Monologe - Imaginäre Gespräche
Jochen Jung: Allerleirauh und allerlei Zartes
  Über das Wetter, die Bücher und die Welt drumherum
Eberhard Jüngel: Predigten 1 - 6 *(auch einzeln erhältlich)*
Otto Kaiser: Das Buch Hiob. Übersetzt und eingeleitet
Werner Krusche: Ich werde nie mehr Geige spielen können
  Erinnerungen
Reiner Kunze: Bleibt nur die eigne Stirn. Ausgewählte Reden
Matthias Loerbroks (Hg): Ein Jahr mit Paul Gerhardt. 30 Lied-Predigten
Henning Luther: Frech achtet die Liebe das Kleine
Kurt Marti: *siehe Seite 59*
Martin Scharpe (Hg): Erdichtet und erzählt I und II
  Das Alte / Das Neue Testament in der Literatur
Martin Scharpe (Hg): Das Nashorn geht spazieren. Lyrische Tierkunde
Wieland Schmied: Bilder zur Bibel
  Maler aus sieben Jahrhunderten erzählen das Leben Jesu
Wieland Schmied: Von der Schöpfung zur Apokalypse
  Bilder zum Alten Testament und zur Offenbarung
Fulbert Steffensky: Mut zur Endlichkeit
  Sterben in einer Gesellschaft der Sieger
Fulbert Steffensky: Schöne Aussichten
  Einlassungen auf biblische Texte
Fulbert Steffensky: Schwarzbrot-Spiritualität
Fulbert Steffensky: Wo der Glaube wohnen kann
Iwan S. Turgenjew: Mumu. Erzählung
Eva Zeller: Das unverschämte Glück. Neue Gedichte

Radius-Verlag · Alexanderstraße 162 · 70180 Stuttgart
Fon 0711.607 66 66   Fax 0711.607 55 55
www.Radius-Verlag.de   e-Mail: info@radius-verlag.de